田哲文　汪博文　编著

中国汽车工程学会科普文化中心　审阅

U0649856

大学生赛车
DIY

扫描二维码观看视频

人民交通出版社股份有限公司

China Communications Press Co.,Ltd.

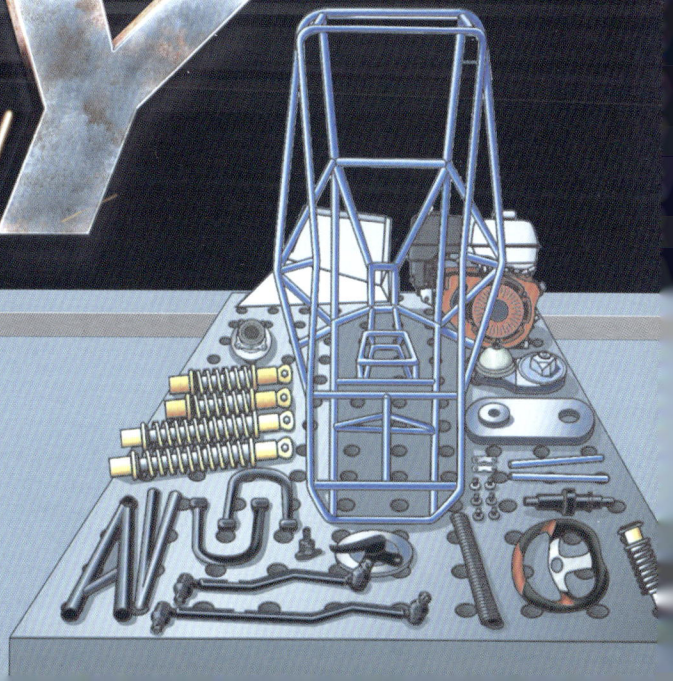

内 容 提 要

本书以中国汽车工程学会组织的巴哈大赛为基础，以绘本的形式阐述如何依据竞赛规则从零开始，手工打造一辆巴哈赛车并参赛的全过程。全书以车队组建、赛车设计、赛车制造、赛车测试、参加比赛五个任务展开叙述。

本书可作为青少年读者了解赛车的科普读物，也可作为赛车爱好者的兴趣读物。

Daxuesheng Saiche DIY

书　　名：大学生赛车DIY
著　作　者：田哲文　汪博文
责任编辑：翁志新　李　良
责任校对：刘　芹
责任印制：张　凯
出版发行：人民交通出版社股份有限公司
地　　址：(100011) 北京市朝阳区安定门外外馆斜街 3 号
网　　址：http://www.ccpcl.com.cn
销售电话：(010) 59757973
总 经 销：人民交通出版社股份有限公司发行部
经　　销：各地新华书店
印　　刷：北京市密东印刷有限公司
开　　本：787×1092　1/16
印　　张：2.75
字　　数：47千
版　　次：2021年3月　第1版
印　　次：2021年3月　第1次印刷
书　　号：ISBN 978-7-114-17097-3
定　　价：20.00元

（有印刷、装订质量问题的图书由本公司负责调换）

图书在版编目（CIP）数据

大学生赛车DIY / 田哲文，汪博文编著. -- 北京：人民交通出版社股份有限公司，2021.3
ISBN 978-7-114-17097-3

Ⅰ.①大⋯　Ⅱ.①田⋯　②汪⋯　Ⅲ.①赛车－设计－青年读物　Ⅳ.①U469.602-49

中国版本图书馆CIP数据核字(2021)第029483号

前　言

作为一项壮观且刺激的比赛项目，赛车运动吸引着无数喜爱刺激、追求超越的青少年，发动机轰鸣声和空气摩擦声也使人们热血沸腾，其所传递的赛车文化已经成为赛车运动的精髓之一。在赛车运动近百年的发展历程中，经历了从小众切磋到专业比赛的演变，这一过程不仅体现了世界汽车技术革新的步伐，也体现了人类制造和驾驭工具的能力不断提高。相较于欧美国家，我国赛车运动起步较晚，但发展很快，国内部分城市也在近些年相继举办世界级的赛车比赛，使我国民众获得了近距离感受赛车文化魅力的机会。

巴哈大赛作为赛车运动项目之一，于1976年起源于美国，要求参赛车队按照赛事规则和赛车制造标准，在规定时间使用同一型号发动机，设计制造一辆单座、发动机中置、后驱或四驱的小型越野车。中国汽车工程学会于2015年将巴哈大赛引入我国，并命名为中国汽车工程学会巴哈大赛（Baja SAE China，BSC），旨在打造一个全新的技术教育和工程实践竞赛平台，使参与其中的同学能够将理论与实践相结合，对于提高学生的专业技能有很大的帮助，同时也是实现"汽车大国"向"汽车强国"迈进，培养卓越汽车人才的重要平台。大赛从2015年的20支参赛车队，到2019年已达到120多支参赛车队，覆盖本科组、职校组、高中组和企业组，掀起了一股全民造车的热潮。为了让更多的人参与到巴哈赛车比赛中，为了让更多的青少年朋友熟悉和了解赛车的设计和制造以及赛事的组织、流程等知识，我们编写了这本科普读物。希望能够培养我国新一代的赛车手和技术人才。

本书分为五个任务，每一任务又分解成若干个子任务，一个子任务作为一个模块，全部模块完成后即完成本部分的总体任务，可使读者一起思考一起完成巴哈赛车从设计开始一直到完赛的全过程。本书创新性地采用连环卡通形式，寓教于乐，同时在书中任务环节增添"扫二维码"观看相关精彩视频的入口，提高了本书的趣味性。

本书由武汉理工大学田哲文教授和武汉理工大学巴哈车队2018赛季技术总监汪博文共同编著，由中国汽车工程学会科普文化中心审阅。

由于编者水平有限，书中难免有不妥和错误之处，恳请广大读者批评指正。

编　者

2020 年 12 月

目 录
CONTENTS

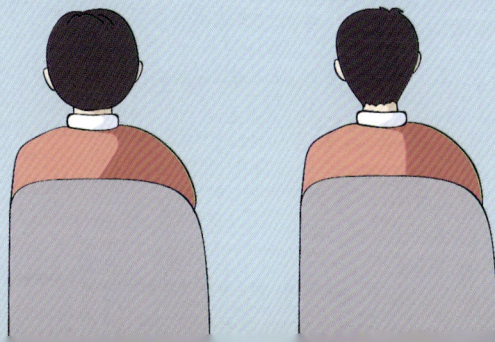

新赛季到来，车队正在有序地安排新赛季的工作。
队员正在整理清洁赛车工作室。

UP! Refine ON!

季全体大会

术总监

营部长

组长 组长 组长

运营部长

全体队员和老师在召开新赛季赛队大会，由运营部长主持。

工作区

车队队长、技术总监、财务部长、运营部长、各组组长共 12 人正在工作室举行会议，进行新赛季计划安排，准备开展设计工作。

车队队长
技术总监
财务部长 运营部长
组长 组长 组长 组长 组长 组长 组长 组长

技术总监
负责车辆设计技术把关、加工制造监督、赛车调试

车队队长
负责车队总体事务统筹规划

财务部长
负责车队日常开销，成本计算，财务报销

运营部长
负责联系各赞助商

制动技术组长
负责车辆制动系统设计及加工制造

悬架技术组长
负责车辆悬架设计及加工制造

商务组长
负责车队的商务工作

车身与车架技术组长
负责车辆车身与车架设计及加工制造

宣传组长
负责车队对外宣传工作

动力技术组长
负责车辆动力系统设计及加工制造

转向技术组长
负责车辆转向系统设计及加工制造

电气技术组长
负责车辆电气系统设计及加工制造

了解赛车不能局限于赛车本身设计制造技术，从市场和营销方法等方面了解大环境下的赛车现状，能够对赛车有更为全面的认识和把握。

运营部长带领队员走上人流量较大的街头进行随机采访，收集不同人群对赛车的看法。

01 专业竞技需求 — 12000辆
◆赛车体验中心、俱乐部
◆巴哈赛事、场地竞赛
• 总数量：赛车俱乐部（300）+赛车体验中心（150）+其他（150）
• 平均需求量：20辆

02 休闲娱乐需求 — 24000辆
◆度假村　◆特色景区
◆游乐园　◆素质拓展园
• 总数量：游乐园（1400）+特定度假村（800）+素拓场地等（200）
• 平均需求量：10辆

03 个性定制需求 — ≥ 1200辆
◆赛车发烧友
◆专业赛车手
• 个人市场庞大

04 兴趣教学需求 — ≥ 3000辆
◆赛车初学者
◆赛车兴趣班
• 总数量：赛车俱乐部（300）+赛车体验中心（150）+其他（150）
• 平均需求量：5辆

赛车市场现状
　赛车运动对大多数人而言是一种挑战性大、难度高、精彩刺激的运动，普通民众对于赛车更倾向于租用体验，而不会购买或独自设计制造。

赛车营销方法
①降低赛车运动门槛，提升普通民众对赛车的兴趣和热情；
②针对不同特征人群，设计制造各具特点的赛车种类，以不同配置和性能吸引消费者，提升其租用和购买欲望。

　　车队成员在工作室进行开会讨论，对街头意见收集的结果进行归纳、整理，并分析得到赛车市场现状及相应营销方法。

Speed UP! Refine ON!

Baja SAE China
中国汽车工程学会巴哈大赛

中国汽车工程学会巴哈大赛规则
（2020年）

赛事规则基本是这样，具体安排……

我们要制造一辆巴哈赛车。

经过各个技术组汇同讨论，队员们在图纸上绘制赛车大致的外形三视图，并标注出基本的长、宽、高，以及赛车的轴距等参数。

在设计总监的统筹安排下开始对赛车做总体设计，以赛事规则为蓝本，进行整车基本参数的设定及各组成系统形式的选择，作为设计的基本框架。

1500
1320

1500

1450

1280
1460

标记	处数	分区	更改文件号		签名	年月日			
设计			标准化				阶段标记	质量	比例
审核									1:1
工艺			批准				共 张 第 张		

计算机渲染效果

荣誉证书

最终方案确定下来了。

指导老师

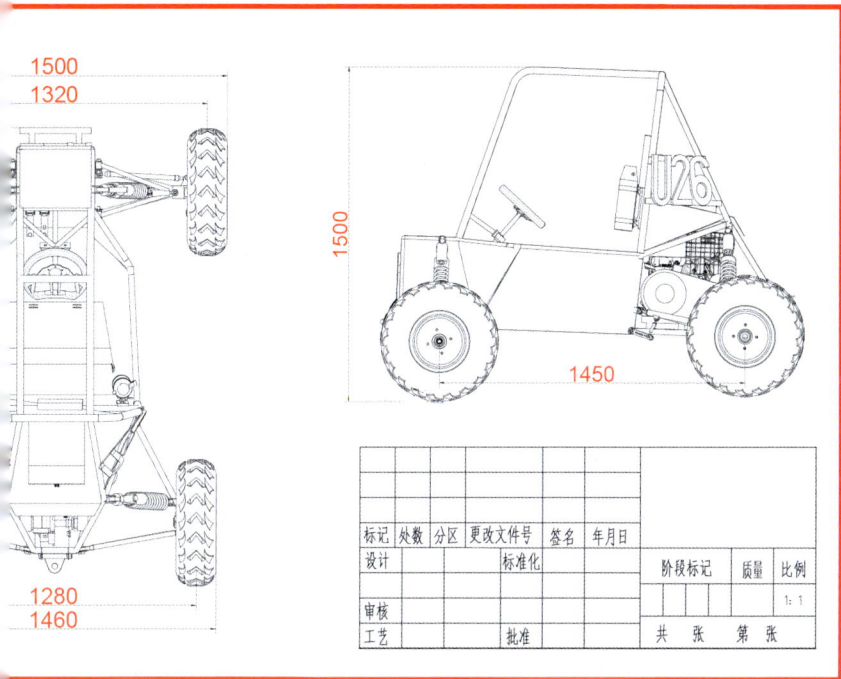

采用人机工程的方法进行参数修正，确定赛车的初始质量，以及各大系统的安装位置和布置形式。

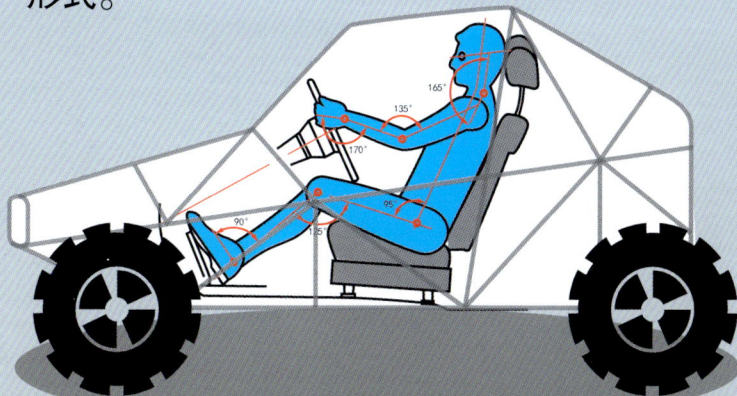

165°
135°
170°
90°
95°
125°

各技术组成员和指导老师举行会议商定最终总体设计方案。

车身车架技术组

负责赛车的车身车架设计及加工，安全带、座椅、号码牌的布置，保证驾驶员驾驶舒适，以及包括后期车身车架的焊接、喷漆、车队学校以及赞助商商标（Logo）的绘制粘贴等。

车身车架技术组

我们一起来做一下车身车架的强度检验。

那先来测试一下受到撞击的车架状态。

好，我来记录。

队员开始做车身车架的设计。车身车架技术组的队员们首先对整个车身车架的结构进行商讨，最后确定，在电脑上绘制赛车车架的三维模型。

在电脑上模拟检验车架是否满足强度的要求，要确保车架在受到撞击和翻滚时能够保护车手不受伤，可以安全逃离驾驶舱。

安全带

号码牌

座椅

车身车架

车架可以看作汽车的"骨架"，车身则可以看作汽车的"外衣"。车身车架决定了整个赛车的外观造型和最基本的结构强度，是保护车手的重要部件。

我们来设计赛车的座椅、安全带及号码牌。

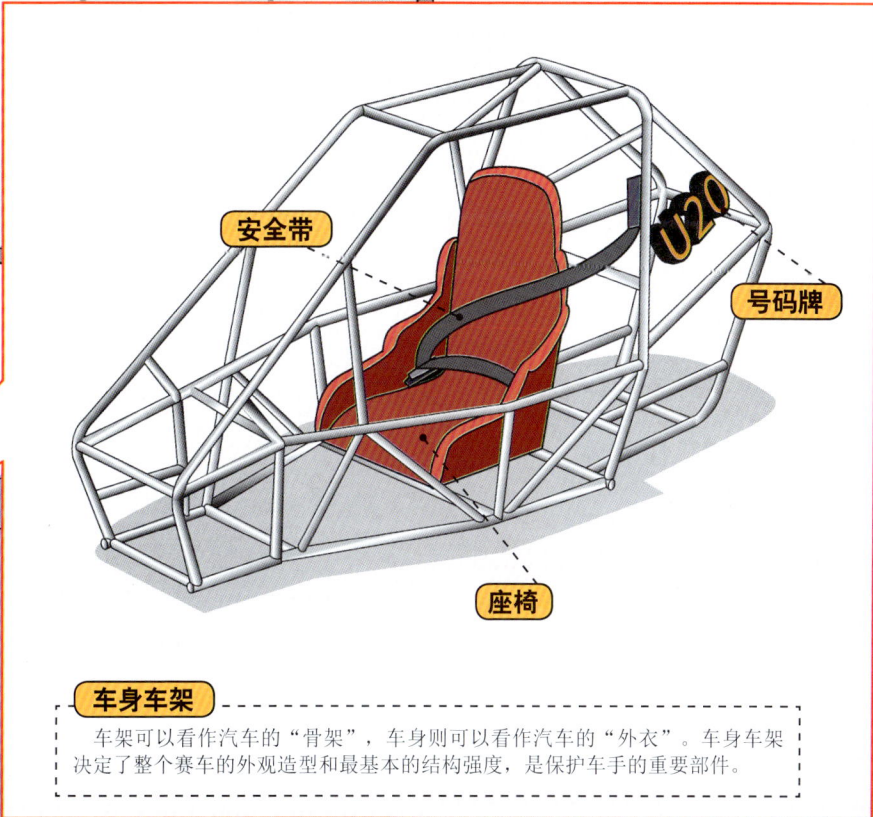

对赛车的座椅、安全带、号码牌等进行设计。

动力技术组

动力技术组负责赛车动力系统及其零部件的设计、加工、安装、调试。动力系统分为发动机、燃油系统和传动系统三个部分。燃油系统即发动机和油箱之间的布置，由于燃油属于易燃易爆物质，在比赛中对这部分由很多的规定，所以要专门对其设计保护装置；传动系统有变速器和减速器，两者传动比的匹配对赛车的动力性有很大的影响。

我们一起来看一下动力系统的布置。

发动机

赛车动力的来源。

CVT 变速器

采用带传动的形式，是一种无级变速器，存在无数个传动比。变速器的作用是为了使发动机在合适的转速范围内输出动力。

减速器

辅助变速器进一步对发动机转速进行降低，增大发动机的输出转矩，配合变速器调节发动机的工作范围。

半轴

将动力从减速器输出到轮胎端的传动轴，通常情况下左右两边各有一根，而不是一整根，故称之为半轴。

　　队员开始做动力系统的布置设计。动力系统中有三部分需要设计：发动机的布置、燃油系统的布置、传动系统的设计及布置。首先，动力组队员们根据之前确定的整车基本参数，开始对动力系统的参数进行设计，如最高车速、最大爬坡度、变速器传动比、减速器传动比等。

对于发动机的布置，包括发动机支架的设计和安装、动力总成进行台架试验。

对于燃油系统的布置，包括燃油系统防护装置的设计、燃油系统整体布置。

对于传动系统，包括变速器防护外壳的设计，减速器、半轴的设计。

动力系统

动力系统的保护装置

为了防止燃油飞溅到发动机排气管等高温部件上，在设计燃油系统时需要设计防溅罩；为了防止手指或者异物加入变速器的高速旋转部件中，需要设计变速器的保护外壳。

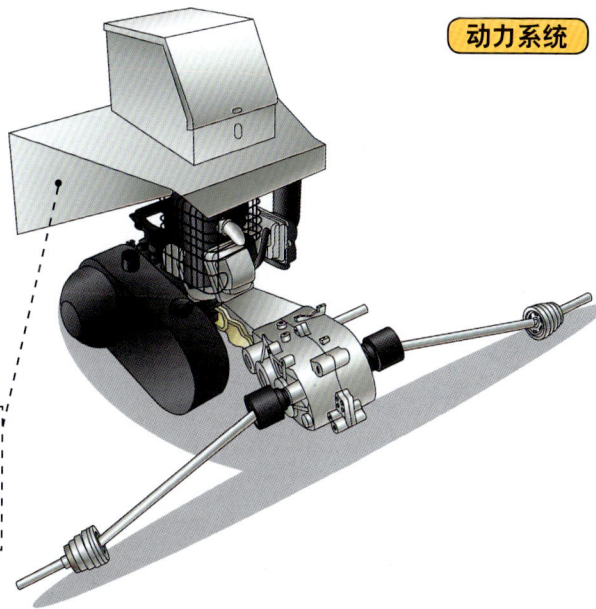

其次，对动力系统的零部件在电脑上进行校核，如对减速器的齿轮和壳体的强度进行校核；在电脑上绘制动力系统各个零部件，主要包括发动机、CVT变速器、减速器、半轴、油箱和设计的防护零件，并在电脑上对动力系统各个零部件进行装配。

制动技术组

制动技术组的成员负责赛车的制动系统设计、加工、布置，制动系统的设计主要包括主缸、轮缸的选型设计、制动踏板的设计和布置、轮毂的设计、卡钳和制动盘的设计。制动俗称"刹车"，即让汽车能够停止的结构系统，是保证驾驶安全的重要部分。

制动盘和卡钳是盘式制动器中能够让汽车停止的重要部件。制动盘与车轮部分连接，当卡钳死死地"抱住"制动盘后，制动盘就不能转动，车轮也就不能转动了，从而达到了"刹车"的作用。

鼓式制动

我们来确定一下主缸、轮缸的参数。

盘式制动

队员们开始制动系统的布置设计。首先，对制动系统的结构进行选型，并设计基本参数（如主缸直径、轮缸直径等）。汽车制动器有盘式制动和鼓式制动两种，目前大多数赛车都选用的是盘式制动结构。

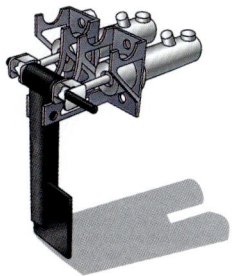

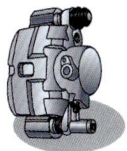

卡钳

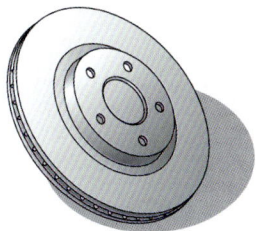

制动盘

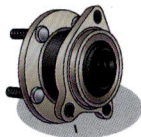

制动主缸和制动踏板

轮毂

汽车轮毂是用来安装轮胎的零件。

其次，对重要的零部件进行选型和设计，如主缸、轮缸、制动盘、卡钳、汽车轮毂等零部件。

最后，在电脑上绘制出各个零件的三维模型，并在电脑上完成整个制动系统的布置和设计。

悬架技术组

悬架技术组的成员负责赛车的悬架系统设计、加工、布置。悬架系统主要由三大部分组成：导向机构、弹簧、减振器。悬架系统的设计也就是基于这三大部分的设计。悬架系统最重要的作用就是减少路面对车舱的冲击，也就是人们常说的"减振"的作用，能够给车手更舒适的体验。

我们一起来看一下悬架系统的设计。

汽车悬架系统种类

横臂式悬架

纵臂式悬架

多连杆式悬架

悬架技术组队员开始悬架系统的布置设计。队员们首先对悬架系统的结构进行选型，并设计悬架基本参数（如阻尼、弹簧刚度、偏频等）。汽车悬架系统的种类多种多样，有横臂式，也有纵臂式，还有多连杆式，队员们选出最符合赛车设计的一款悬架结构进行设计。

接着，队员们对悬架系统重要零部件
进行选型：如减振器，弹簧等。

我来负责减
振器的选择。

减振器

减振器是用来平抑振动的零件。

悬架系统

我来负责对
悬架系统的弹
簧进行选型。

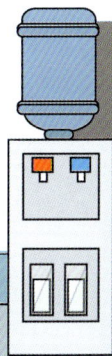

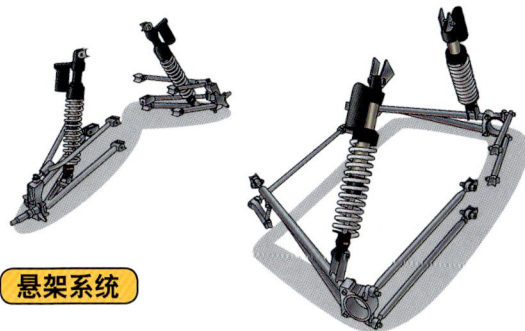

最后，根据选择的结构形式在电脑上绘制出摆臂的模型，
以及各个重要零部件的模型，并在电脑上完成整个悬架系统
的布置。

转向技术组

　　转向技术组的成员负责赛车的转向系统设计、加工、布置。转向系统主要由三大部分组成：转向器、转向传动机构、转向操纵机构。转向系统的设计也就是基于这三大部分的设计。转向系统最重要的作用就是保证车辆按照车手的意图进行运动，也就是让汽车"转弯"。

花 名 册

> 我们一起来看一下转向系统的设计。

　　转向技术组队员开始转向系统的布置设计。队员们首先对转向系统的基本参数进行设计（如转弯半径等）。

接着队员们对转向系统重要零部件进行选型（如转向器，转向盘等）以及对重要的转向节等零件进行设计。

转向器

转向器的作用是把来自转向盘的力和角度进行适当的变换，并且对力进行适当的放大，方便操纵拉杆拉动转向节。

转向节

转向节是转向系统和悬架系统两者连接的过渡元件，通过一个横拉杆拉动转向节的转动，车轮就会随着转动。

最后，在电脑上绘制出这些重要零部件的三维模型，并在电脑上完成整个转向系统的布置。

电气技术组

电气技术组的成员负责赛车的电气系统设计、加工、布置。以巴哈大赛为例，电气技术组负责赛车的车速、发动机转速等信息的采集工作以及发动机急停开关、制动灯的设计布置。电气系统是赛车的辅助监控系统，相当于一个小型行车电脑，对赛车各个部位进行监控，反馈得到的信息用于对赛车的结构参数进行进一步的调整。

我们一起来看一下电气系统的设计。

电气技术组队员开始电气系统的布置设计。队员们先对整车信息采集做一个规划，比如收集车速、发动机转速等信息。

然后，选择控制主板、各种类别的传感器，之后在电脑上对传感器、制动灯、发动机急停开关、线路进行设计和布置。

这个部件应该放到这里。

最后，召开会议，指导老师审核最后的赛车总装方案，审核完成之后即可开始进行赛车的制造工作。

在六大部分完成设计之后，各技术组 6 个组长和技术总监进行整车总装，将模型进行汇总并检查问题。

工程制图

将零件用二维图的形式进行表达，加工的师傅依据图中的尺寸进行加工。

这属于铣削类零件。

各组对自己组内需要加工的零部件，如齿轮、壳体、转向节等进行工程图的绘制。

绘制完工程图后，按照零件加工的类别进行分类，为后期联系加工厂做准备，分为：线切割零件、激光切割零件、铣削类零件、车削类零件、齿轮类零件五大类。

线切割零件

激光切割零件

铣削类零件

车削类零件

齿轮类零件

线切割零件

线切割是通过细丝电线产生的高温热对零件进行切割。

激光切割零件

激光切割则是通过激光进行切割，适合加工图形结构简单的零件，如赛车中各种固定零部件的吊耳等。

铣削类零件

如赛车的转向节、减速器壳体等结构复杂的零部件。

车削类零件

如赛车的传动轴，各种套筒等轴类零件。

齿轮类零件

各组完成工程制图的绘制后，将工程制图交由设计总监进行审核，总监审核完后由指导老师进行最终的审核。

钢材市场

材料采购

如制作自制件需要的各种尺寸的钢板、铝板；制作车架、悬架摆臂的钢管；制作各种加工件的铝块料、棒料等。

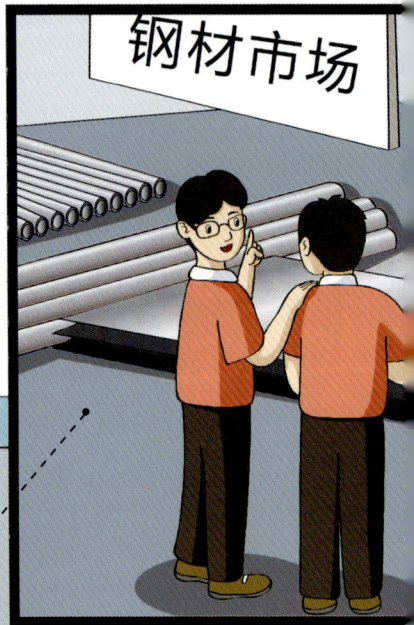

接下来我们分配一下零件及材料的采购任务。

我负责线下采购。

我负责线上采购。

各组绘完图后，对需要的零部件进行采购，有的采购市场就在学校所在市辖范围内，有的可能在外地，故需要分线上和线下两路进行联系。

机电市场　汽车配件市场

车铣钻
线切割
批量
加工

零件采购

如动力组的变速器、发动机、球笼、三球销、转向组的转向器、转向盘等，悬架组的减振器、弹簧等，制动组的卡钳、主缸、高压油管等，以及各组通用的紧固件、轴承等零部件都是直接找相应的供应商采购的零件。采购回来后直接安装到车上。

最后，我需要把采购来的零部件放到储物区备用。

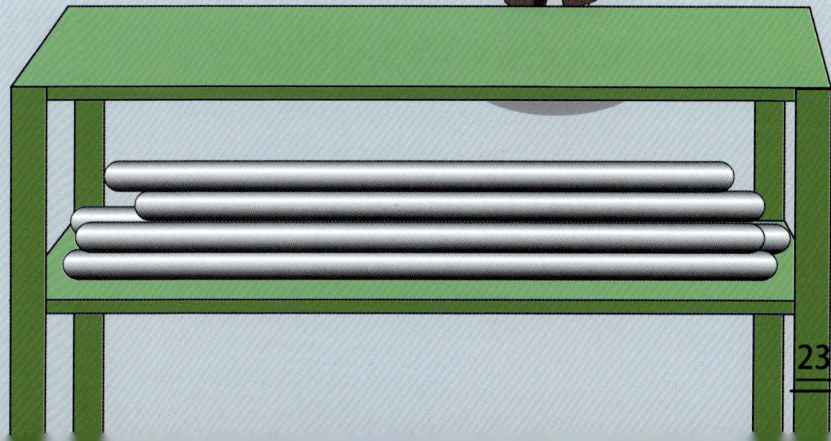

零部件可以直接去机电市场，或者汽车配件市场进行购买。材料可以到钢材市场进行采购。零件和材料也可以在网上进行采购，或者联系专门的供应商进行采购。

接下来我们分别联系加工厂制作零部件。

加工厂

有些零件需要用专门的机器和人员来进行制作，加工厂提供了这样的条件。不同的加工厂可能只会加工一种类别的零件，在寻找加工厂的过程中，需要根据加工零件的类别，进行不同加工方法的加工。

汽车零件加工厂

您好，这是需加工制作的零件图纸。

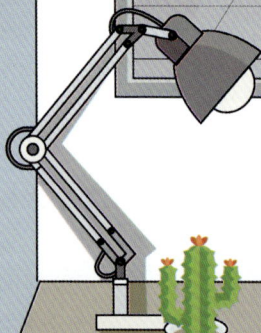

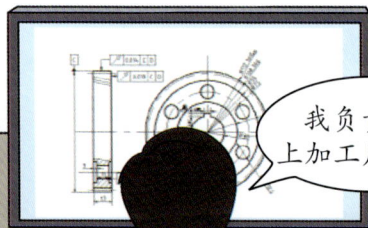

加工人员

我负责联系线上加工厂。

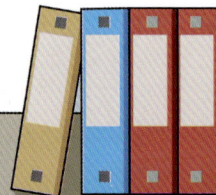

各组采购完材料后，就要联系加工厂进行加工件的制作，有的加工厂可能就在学校所在市辖范围内，有的可能在外地，故需要分线上和线下两路进行联系。

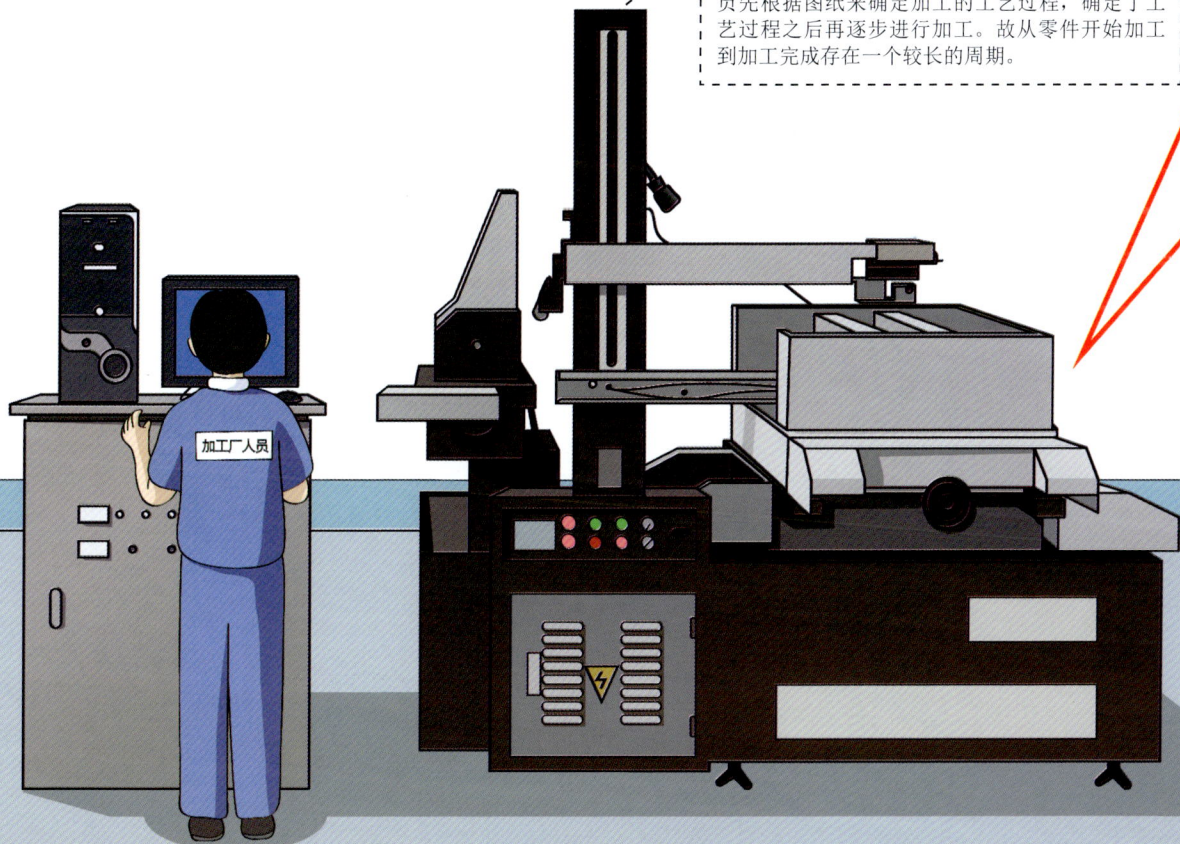

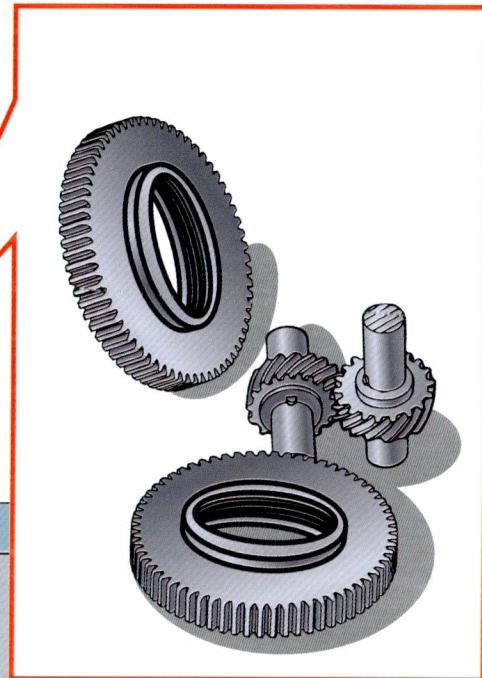

加工厂人员

　　联系加工厂方面，不同的加工厂可能只加工一类零件，比如激光切割就必须去找专门激光切割的加工厂，可以直接去联系市区内的加工厂，一般在钢材市场和机电市场里都有相应的加工厂，或者联系外省的加工厂商进行加工，之后再以邮寄的方式配送。

除加工件外，各技术组队员开始制作自制件。车身车架技术组的队员开始制作车架，车架制作过程是先将钢管切好标记，再在焊接平台上摆好从下至上逐步焊接起来。车身根据前期的设计，选择用铝板覆盖，或者用碳纤维板覆盖。

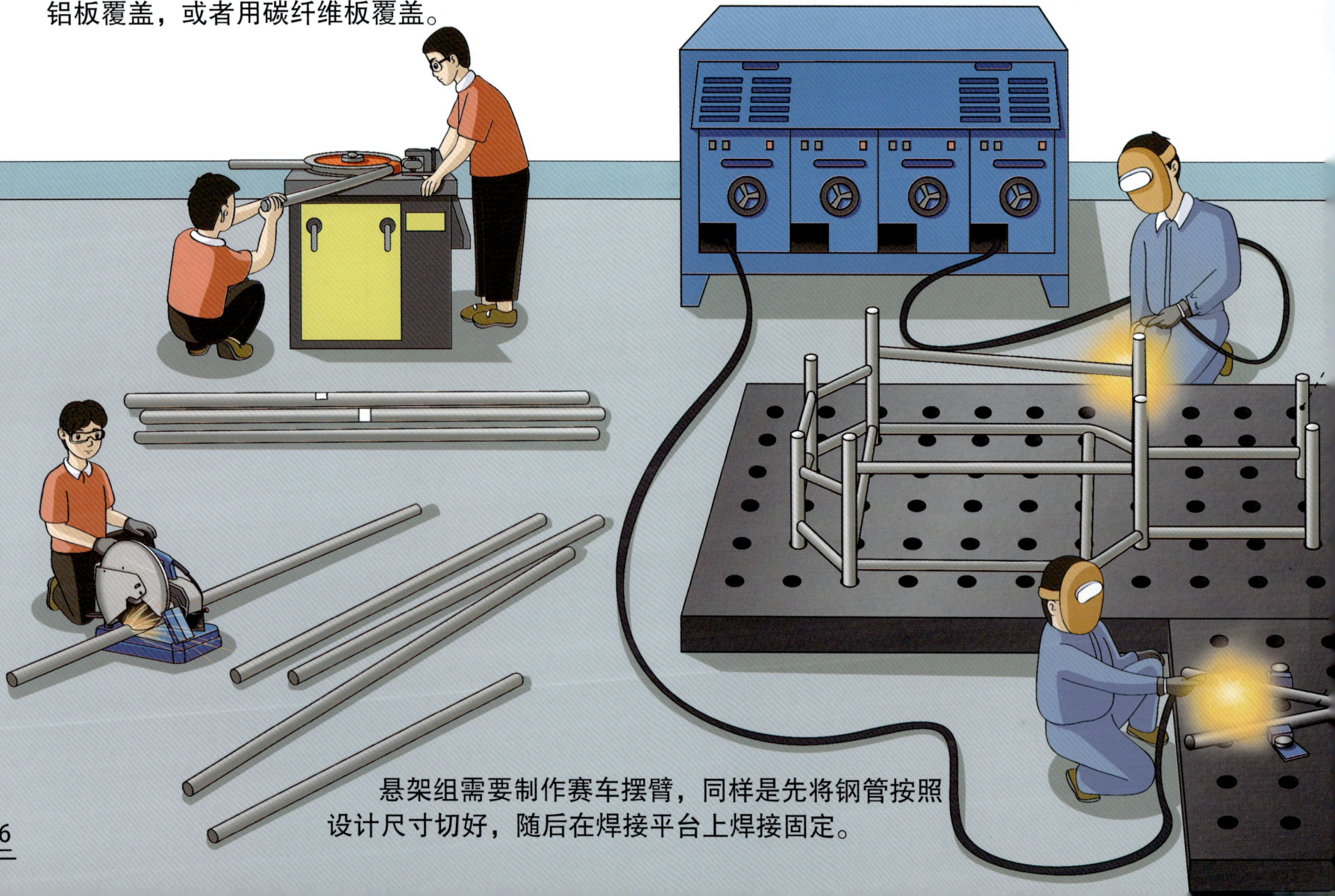

　　悬架组需要制作赛车摆臂，同样是先将钢管按照设计尺寸切好，随后在焊接平台上焊接固定。

除前述零部件，转向技术组还有拉杆需要制作，动力技术组有燃油系统保护装置、变速器保护装置需要制作等。

车架的制作过程

由队员先按设计尺寸切割好钢管，再在焊接平台上固定，按照从下至上的原则开始焊接，最终在焊接平台上完成成品，最后到专门的涂装车间对整个车架进行喷漆上色的处理。

摆臂的制作过程

由队员按照设计的尺寸和结构切割好钢管，再用专门的固定模具对悬架进行固定，固定完成后进行焊接，焊接的成品最后进行喷漆处理，防止表面生锈。

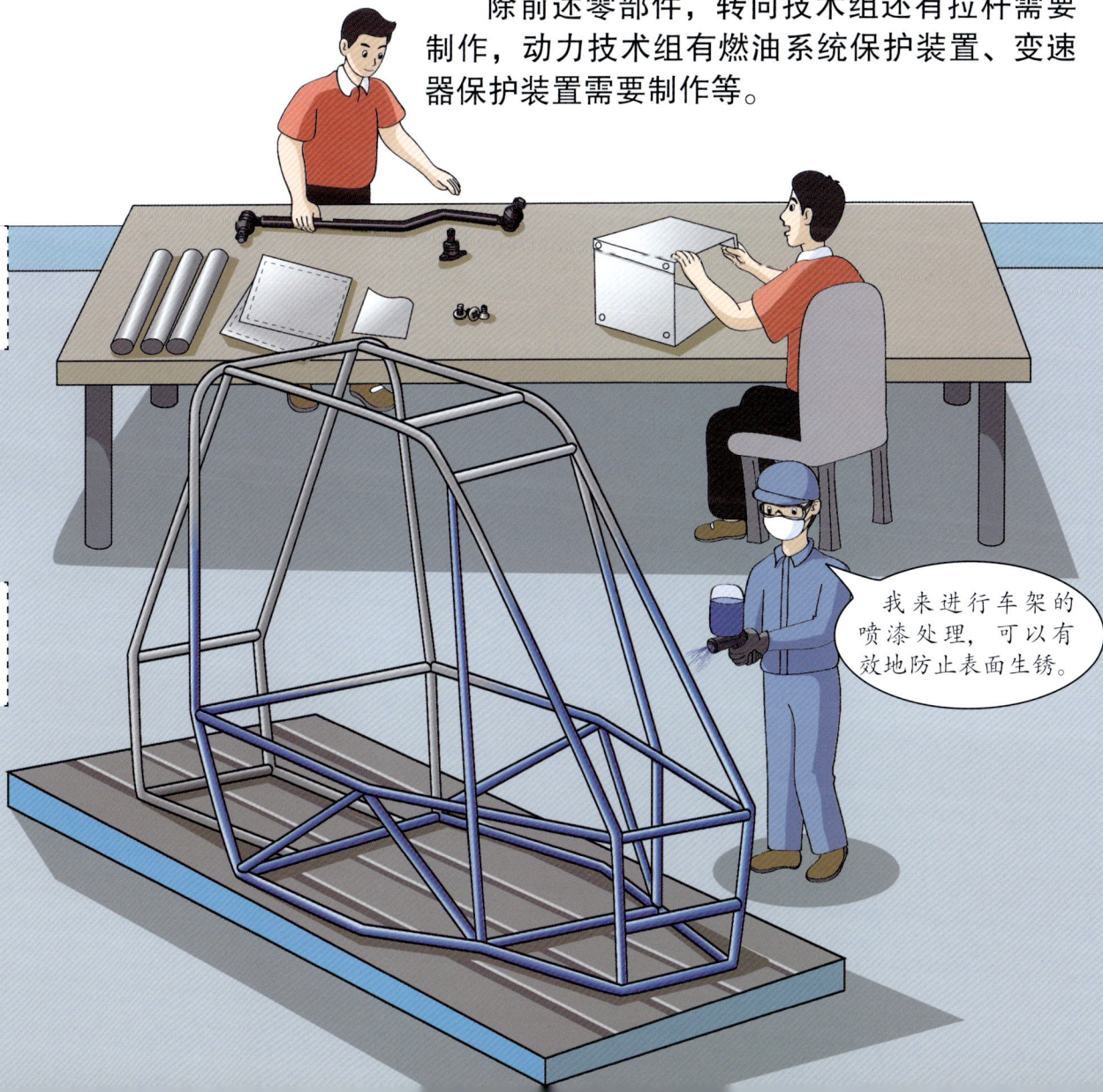

我来进行车架的喷漆处理，可以有效地防止表面生锈。

各技术组队员开始进行赛车总装。赛车的总装过程是先将车架固定在焊接平台上作为一个基准，随后各技术组将自己的系统内部的零件逐一安装到车架上，安装的顺序是先中间后两边，先下面，后上面。

我们开始赛车的总装落地。

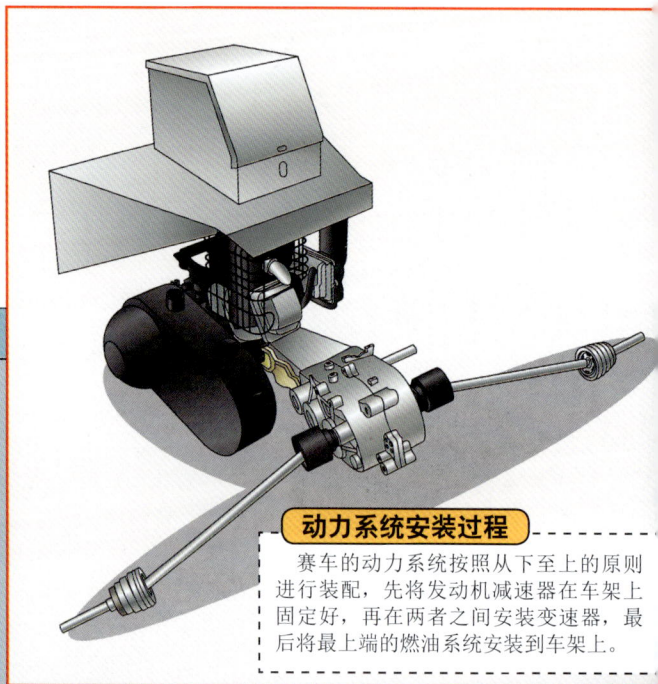

动力系统安装过程

赛车的动力系统按照从下至上的原则进行装配，先将发动机减速器在车架上固定好，再在两者之间安装变速器，最后将最上端的燃油系统安装到车架上。

制动系统

底盘系统安装过程

赛车的底盘包括悬架、转向、制动三大系统，先将转向系统的转向盘、转向器等在车架上固定好，随后将悬架的摆臂、减振器等安装到车架上，随后在轮端安装轮毂、立柱及转向节，之后将制动系统的卡钳等安装到轮端。

所有系统安装的顺序是先将动力系统装到后舱，再将转向系统安装到前舱，其次将悬架系统安装到车架两边，之后将制动系统安装到四个轮毂端，安装赛车周围覆盖件和各类电气元件，紧接着安装轮胎，赛车落地。

转向系统

装车完成

轮端及其他附件安装过程

　　将车身覆盖件，电气元件如制动灯，急停开关，传感器及其线路等接好，之后轮端将轮胎安装到轮毂上即可。

悬架系统

　　各技术组需要对刚刚下线的整车做相应的静态测试，以此来检验是否达到了相应设计的标准。首先是对整车的尺寸进行检查，包括轮距、轴距、质量、最小转弯半径等参数。

我们来进行整车尺寸的检查。

　　然后是对轮胎进行四轮定位，作用是为了校正轮胎参数，使赛车能够保持更好的操纵性。

另外，还可以通过实验室的仪器设备对整车的偏频进行测量，以检验是否达到了悬架的设计要求。

四轮定位是以车辆的四轮参数为依据，通过调整以确保车辆良好的行驶性能并具备一定的可靠性。赛车的转向车轮、转向节和前轴三者之间的安装具有一定的相对位置，这种具有一定相对位置的安装叫做转向车轮定位，也称前轮定位。前轮定位包括主销后倾（角）、主销内倾（角）、前轮外倾（角）和前轮前束四个内容。前轮定位和后轮定位合称为四轮定位。

偏颇测试实验

将车从台阶上推下来，赛车受到地面的瞬间冲击之后会产生震荡，这种震荡会因为不同的整车参数和悬架结构而发生变化，通过震荡分析能够用来评价悬架系统的好坏，并计算出赛车的实际偏频，可以用于后期调整悬架的参数。

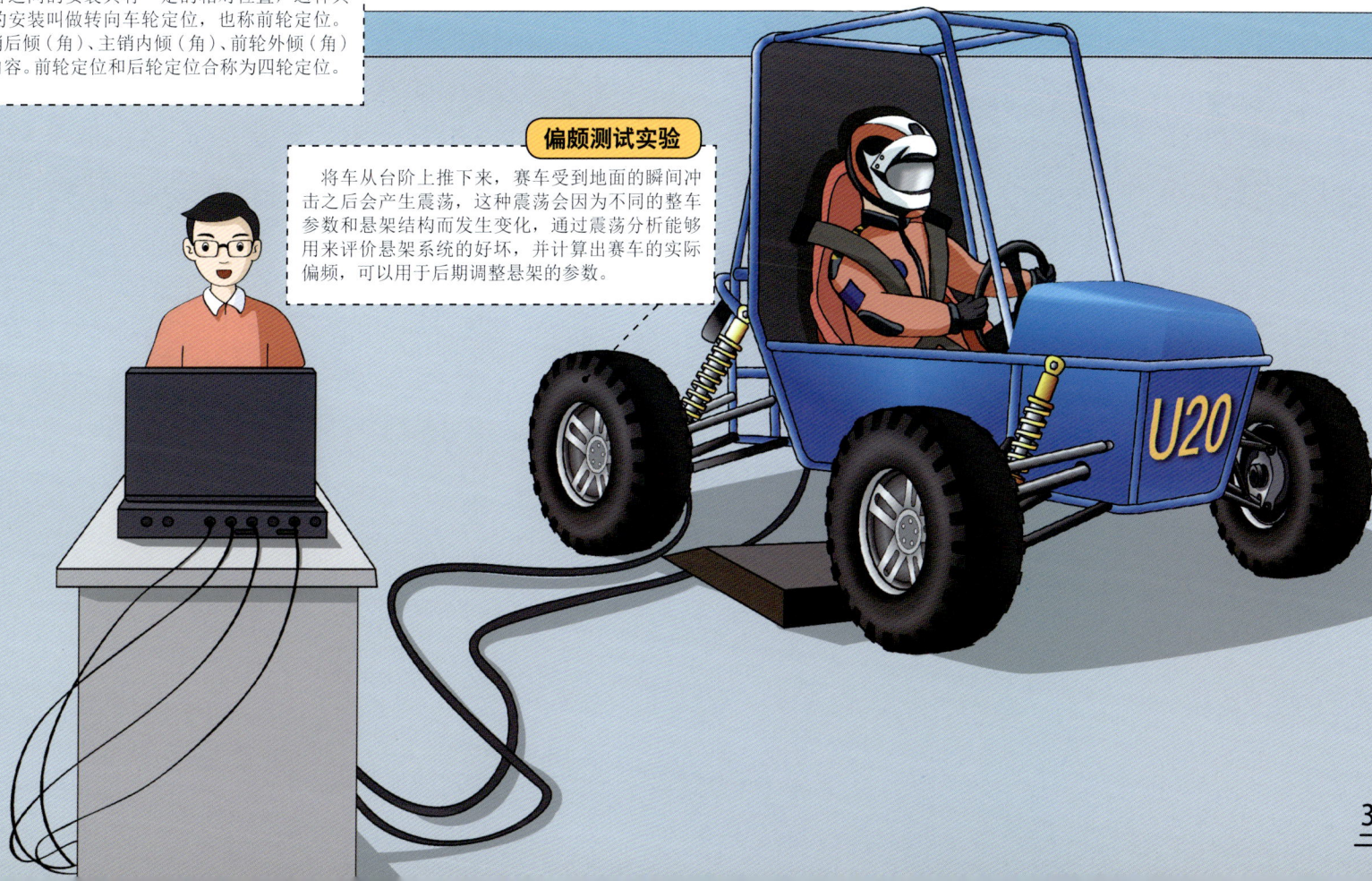

U20

包括牵引测试：即测试赛车牵引一辆满载的轿车行驶固定距离所用的时间；爬坡能力测试：即测试赛车上坡到达坡顶整个过程中所用的时间；百米加速能力测试：即测试赛车从启动到行驶百米所用的时间。

赛车测试

各技术组完成静态参数调整和准备工作后就开始进行动态测试。首先是在试验场检验赛车的动力性，包括牵引能力，爬坡能力，百米加速能力。

制动性测试

包括四轮抱死测试：即汽车行驶一定距离达到一定车速后采取制动措施，观察汽车四轮是否出现抱死或者跑偏的现象；制动距离测试：测试汽车开始制动到停下来所经过的距离。

赛车的动力性测试是很重要的。我们来进行制动性测试。

其次是检验赛车的制动性，包括是否能够达到规定的制动距离，是否能够实现四轮同时抱死。

耐久性测试

主要是为了让车手适应赛场行驶环境，模拟比赛时的工况进行测试。到野外场地进行赛车的跑动测试，测试赛车的综合性能以及零部件的耐疲劳性能。

雪地练车

再次是到校外的越野训练场进行全方位地形的越野测试，连续长时间跑动，锻炼车手驾驶技能以及检验车辆零部件的耐疲劳能力。

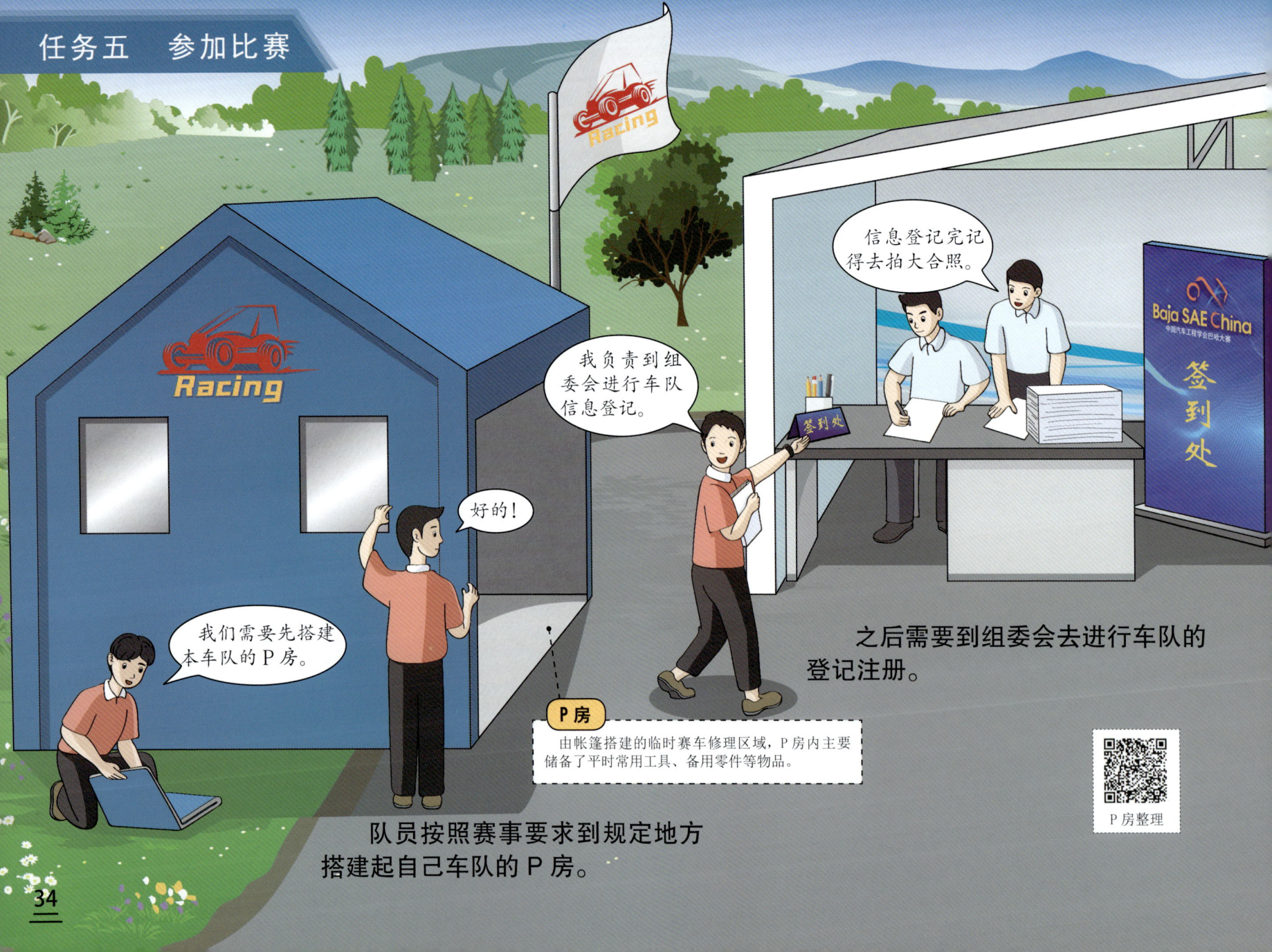

我们需要先搭建本车队的P房。

好的!

我负责到组委会进行车队信息登记。

信息登记完记得去拍大合照。

队员按照赛事要求到规定地方搭建起自己车队的P房。

之后需要到组委会去进行车队的登记注册。

P房

由帐篷搭建的临时赛车修理区域，P房内主要储备了平时常用工具、备用零件等物品。

P房整理

车队大合影

　　所有的参赛车队会集中到一起，各个车队高举自己的队旗，组委会安排人员拍摄合照，每年每届的比赛都会进行这一项目。

1,2,3，必胜！

大合照

　　最后，所有的车辆都会拍摄大合影，大合影完成之后，各参赛车队可以到规定的场地进行简单的赛前动态训练。

设计答辩

设计答辩是通过展板的形式向裁判老师展示车辆的整个设计过程。

营销答辩

营销答辩是通过 PPT 和视频的形式向老师展示怎样把这辆车推销向市场，怎样提高市场竞争力。

完成车检之后，进行设计、营销和成本答辩。

成本答辩

成本答辩是直接通过成本报告和实车向裁判老师整辆车制造所花费的成本。

车检

车检主要是对赛车各个系统进行检查，检查是否达到了规则要求，不满足规则要求的视为不安全的车辆不允许参加动态赛事，一共有八个工位分别是：发动机、材料、车架、座舱安全、车手安全、燃油电气、车手逃生、制动安全。

队员将赛车推到规定检查区域进行车检，只有通过车检的车辆才能进行动态比赛。

技术答辩

车检

← 答辩处

← 车检处

单项赛区 →

牵引赛

操控赛

爬坡赛

爬坡赛或牵引赛是为了检测赛车动力性能状况。

操控赛

操控赛是在有石堆、滚木等复杂路况上行驶，考验车手的驾驶能力和操控能力。

之后进入动态赛事中的单项赛。单项赛分为：爬坡赛或牵引赛、操控赛、单圈计时赛或百米加速赛。

最后进入动态赛事中的耐久赛。

耐久赛

    耐久赛则是占分最大的赛事，赛车在赛道上连续跑动 4 个小时，跑的圈数最多者得分越高，考验赛车综合能力。

耐久赛区 →

耐久赛

赛后，就进行颁奖典礼。

赛车 DIY 成功了!

我们成功了!